AF319145

UN
GOUVERNEUR DE PROVINCE

Au XVIIe Siècle

LE COMTE DE SOISSONS A REIMS

Par Ch. LORIQUET

BIBLIOTHÉCAIRE DE REIMS, SECRÉTAIRE GÉNÉRAL DE L'ACADÉMIE,
ASSOCIÉ DE LA SOCIÉTÉ DES ANTIQUAIRES DE FRANCE, ETC.

IMPRIMERIE COOPÉRATIVE DE REIMS

E. Gény, Direct.

Rue Pluche, 24.

—

1875

[illegible]

[illegible]

TE DOSI [illegible]

[illegible]

GOUVERN[illegible] [illegible]BOHEMA[illegible]

UN
GOUVERNEUR DE PROVINCE

Au XVIIᵉ Siècle

LE COMTE DE SOISSONS A REIMS

Par Ch. LORIQUET

BIBLIOTHÉCAIRE DE REIMS, SECRÉTAIRE GÉNÉRAL DE L'ACADÉMIE,
ASSOCIÉ DE LA SOCIÉTÉ DES ANTIQUAIRES DE FRANCE, ETC.

IMPRIMERIE COOPÉRATIVE DE REIMS

E. Gény, Direct.

Rue Pluche, 24.

—

1875

LE
COMTE DE SOISSONS

A REIMS

Eugène-Maurice de Savoie était le deuxième fils de Thomas-François de Savoie, prince de Carignan, chef de la maison de ce nom, et de Marie de Bourbon-Soissons. Son père, après avoir commandé les Espagnols contre la France, s'était détaché des premiers en 1642 pour suivre le parti de la seconde, et lui avait été utile en Italie comme généralissime des troupes de France et de Savoie. Ces services et l'espèce de traité fait en 1646 entre Louis XIV et lui dans le but d'opérer une révolution à Naples, furent l'origine de la fortune de son fils.

Par sa mère, Eugène-Maurice appartenait aux Bourbons de la branche de Soissons, qui s'éteignit dans la personne de Louis de Bourbon, tué à la Marfée ; l'infirmité de son aîné (1) lui permit de paraître à la cour comme chef de cette maison. Il fut choisi en 1654 pour porter au sacre la queue du manteau royal ; et bientôt Mazarin en fit presque un

(1) Il était sourd et muet, et n'en devint pas moins un prince très-capable, grâce à son intelligence et aux leçons d'un maître habile.

prince du sang en reportant sur sa tête le titre de comte de Soissons.

En 1657, il épousa Olympe Mancini. Cette nièce du cardinal, suivant la prédiction de sa mère mourante, causa de nombreux embarras à son oncle, et dut peut-être à la politique de ce dernier plus qu'à ses propres qualités les préférences du jeune monarque et l'honneur d'être de tous ses jeux, avantages qui firent d'elle, ainsi que le dit Saint-Simon, la maîtresse de la cour, des fêtes et des grâces.

Avec la main du Comte elle reçut le brevet de surintendante de la maison de la reine. La querelle que l'exercice de sa charge lui valut avec madame de Navailles, et dans laquelle les plaisirs du roi se trouvaient intéressés, fut pour elle l'occasion d'un nouveau triomphe.

Il avait d'abord été question du mariage du Comte avec Mlle d'Angoulême. Mlle de Montpensier fait dire à Monsieur, à cette occasion, dans ses Mémoires, que ce mariage était sortable, parce que la fille était folle et qu'un muet lui serait plus propre qu'un autre. La vérité est qu'il était bègue et que la difficulté de s'exprimer le condamnait souvent au silence. Cette réserve obligée attira sur lui le ridicule en plus d'une circonstance. Le trait suivant que je trouve dans le curieux *Journal de voyage à Paris*, publié par M. Faugère (1), mérite d'être rapporté :

« Dans un entretien au Louvre où quelques seigneurs se railloient, il y en avoit un qui estoit demeuré court, ce qui avoit obligé l'autre de respondre

(1) P. 365, décembre 1657.

pour luy, et de dire ce qu'il eust deu répliquer. Celuy là reprit qu'il le trouvoit fort éveillé, et celui-cy qu'il le jugeoit fort endormi. De là il se forma une cabale des *Eveillés* et des *Endormis*. Toute la jeunesse de la cour prit parti, et s'enrolla sous ces deux noms. Le prince de Marsillac, bien que fort éveillé et fort gentil, se fit chef des *Endormis*, et le Comte de Soissons, *qui ne l'est guère*, prit le parti des *Eveillés*. »

Cette plaisanterie ne réussit pas, elle amena des divisions auxquelles le roy dut porter remède en intervenant. Il témoigna particulièrement son mécontentement au prince de Marsillac, chef de l'un des deux partis ; mais on ne dit pas que le comte de Soissons ait éprouvé les mêmes rebuffades de sa part, apparamment parce que le roy le jugeait innocent des excès de ceux de son parti.

La réputation qu'on lui avait faite alla jusqu'à le donner pour l'original de M. Jourdain, et ce serait lui qui un jour se serait émerveillé « d'avoir fait de la prose. » Je ne sais si cette supposition était bien fondée ; mais il est dans le répertoire de Molière un autre rôle qui lui convenait à merveille, si les historiens n'exagèrent pas en disant que, en 1657, année même de son mariage avec Olympe, le roi allait tous les jours à l'hôtel de Soissons. « Cela n'est pas surprenant, dit Mademoiselle (1), quand on fait le galant d'une femme, qu'on l'aille voir ; et de plus il y joue. » « L'année suivante, toujours d'après Mademoiselle (2), le roy discontinua, depuis son re-

(1) *Mémoires*, édit. Petitot, t. 3, p. 271.
(2) P. 344.

tour de Fontainebleau, d'aller à l'hôtel de Soissons tous les jours comme il avoit accoutumé, et s'attacha à entretenir Mlle de Mancini (Marie) tous les soirs avec beaucoup d'empressement ; » et le curieux est que « le Comte de Soissons étoit dans un chagrin non pareil de ce que le roy n'en usoit plus comme à l'ordinaire avec sa femme (1). »

Le caractère placide et débonnaire dont nous avons peut-être donné trop d'exemples, n'empêchait pas de reconnaître chez Eugène-Maurice le mérite de la bravoure. Son duel avec le duc de Navailles à la suite de la querelle de sa femme avec la duchesse, et celui qu'il eut à Londres, pendant son ambassade, avec un seigneur anglais qui avait mal parlé de Louis XIV en sa présence, n'en sont pas les seules preuves ; il se signala à la bataille des Dunes à la tête des gardes suisses dont il était le colonel-général ; et dans un combat qui eut lieu quelques jours après, il fut blessé au visage d'un éclat de grenade.

Cette charge de colonel-général des Suisses, qui lui fut donnée en 1657, était une des plus belles de la couronne et donnait un grand crédit à celui qui en était pourvu (2). Mazarin acheva de placer le Comte tout à fait au premier rang en le nommant gouverneur de Champagne et Brie, après la mort du

(1) P. 384.
(2) Il commande généralement à tous ceux de cette nation qui sont au service du roy, et pourvoit à toutes les charges. Du temps qu'il y en avoit près de 30,000, il étoit encore d'une plus grande étendue. A présent (1657), il n'y en a que deux régiments, celuy des gardes et le régiment de Pfeiffer ; mais le revenu de la charge n'en est pas diminué et va toujours à 80 ou 100,000 francs. (*Journal de voyage à Paris*, publié par Faugère, p. 344.)

maréchal François de L'Hospital, en attendant le don que le roy lui fit de la prévôté et seigneurie d'Yvois, récemment cédée à la France, et érigée en duché sous le nom de Carignan (1661).

Le 17 juin 1660, arrivait à Reims le premier avis de la nomination du Comte, par une lettre de M. Talon, intendant du Quesnois, qui se trouvait en cour; le Conseil de Ville n'attendit pas un avis officiel pour adresser ses félicitations à Son Altesse et lui demander l'honneur de sa protection. En même temps M. Talon est remercié du bon office qu'il venait de rendre à la Ville.

Un mois après, une députation qui se rendait à Paris, pour complimenter leurs Majestés sur leur mariage, fut chargée pareillement de porter au Comte les hommages du Conseil. Cette députation comptait, outre le Lieutenant des habitants, quatre des plus anciens conseillers (1), l'usage voulant qu'il n'y en eût pas moins en compagnie du Lieutenant, quand il se chargeait d'une pareille mission.

Enfin, le 15 octobre, le Lieutenant expose au Conseil que M. Langaux, trésorier de France à Châlons, est chargé par M. le Comte de lui présenter les lettres de provision du gouvernement de Champagne et Brie, et d'en demander l'enregistrement au greffe. La Compagnie fut très-flattée de l'honneur que lui faisait le Comte en demandant l'enregistrement desdites lettres; « en suite de quoi, dit le conseiller de Ville René Bourgeois (2), ledit sieur,

(1) MM. Amé, ancien lieutenant; Raoul Thierry, avocat; Guillaume Caillambeau et Jean Coquebert.

(2) *Mémoires de René Bourgeois*, avocat, mss. de la Bibliothèque de Reims.

Langaux étant averti et entré, on lui présenta un siége au devant du banc où s'asseoient les sindic et greffier, un peu tourné vers les conseillers ecclésiastiques ; et après qu'il eût fait entendre à la Compagnie qu'il recevoit à grand honneur l'emploi dont l'avoit voulu charger M. le Comte de Soissons, et de la séance que la Compagnie lui donnoit, il demanda la lecture et l'enregistrement au nom de M. le Comte de Soissons ; et après que M. le Lieutenant lui eût fait là-dessus un compliment, l'enregistrement fut accordé et fait. J'estime, continue Bourgeois, qu'il n'y a pas beaucoup de semblables lettres qui aient été enregistrées, parce que personne ne se souvenoit de la place qu'il falloit bailler audit sr Langaux en semblable occasion. J'avois oublié de dire que le sr Langaux fut accueilli par deux conseillers de Ville sur les degrés, qui l'accompagnèrent jusques à l'entrée de la chambre du Conseil et le reconduisirent jusques aux degrés de l'Hostel de Ville, où le syndic le prit et le conduisit en son hostellerie. »

Le 6 décembre suivant, sur la proposition de M. le Lieutenant et conformément à l'usage, le Conseil décida qu'il seroit présenté du vin à M. le Comte de Soissons en qualité de gouverneur de la province.

Là se bornèrent pour la première année les relations de la Ville avec Son Altesse.

En février 1663 eut lieu comme d'habitude l'élection des officiers. André Coquebert (1), qui avait conduit avec habileté plusieurs affaires importantes pendant les trois années de sa lieutenance, fut réélu malgré l'opposition obstinée du procureur du roi

(1) Lieutenant particulier au présidial.

Lespagnol. Le Comte de Soissons, suivant le vœu de la grande majorité du Conseil, s'employa avec autant de fermeté que de bienveillance à soutenir à la cour la validité de l'élection, et ce service ne contribua pas peu à le rendre agréable aux Rémois.

Le 2 mars, le Conseil apprend qu'il a dessein de visiter prochainement son gouvernement. Aussitôt on charge une commission de rechercher, pour s'en inspirer dans la circonstance, quelles furent les cérémonies observées à l'entrée de MM. de Nevers, gouverneurs en 1588 et 1595. L'entrée du duc d'Enghien, en 1645, n'avait pas eu la même solennité à cause de la guerre qui réclamait sa présence en Flandre et l'avait obligé de laisser son train au rendez-vous de l'armée.

Le 13 mars, sur l'avis venu de Paris, que le voyage de Son Altesse est décidé, on conclut qu'il « sera fait recherche de quelques pièces de cabinet pour lui faire présent, de la valeur de 15 à 1600 liv., et faire en sorte de s'informer qu'il puisse estre agréable audit seigneur. » Le syndic Nicolas Lefebvre, qui a pressenti à ce sujet le s^r de Gomont, intendant du Comte, et obtenu de lui que la Ville serait déchargée du festin pour recevoir Son Altesse, en considération du présent qu'on doit lui offrir, fait marché avec le s^r Pretault, marchand orfèvre à Paris, pour deux vases et deux aiguières (Concl. du 13 et du 23 mars) de vermeil doré et ciselé et représentant plusieurs histoires de la maison de Savoie (1). La délibération du 9 septembre nous apprend que le Comte étant arrivé à Châlons, il avait été trouvé à propos d'y

(1) Oud. Coquault.

envoyer, pour le complimenter et recevoir ses ordres, deux conseillers, MM. Nicolas Dallier, échevin,
et Rogier ; « pour quoi lesdits s^{rs} Dallier et Rogier
estant de retour, il est à propos, continue la délibération, de les entendre sur ce qu'ils ont appris.

» Ledit s^r Dallier a fait récit à la Compagnie et
dit avoir salué avec ledit Rogier de la part de la
Ville ledit seigneur, qui leur a marqué avoir dessein
de venir en ceste ville dans trois jours et y faire
son entrée en qualité de gouverneur. »

« On fit, dit Bourgeois dans la relation détaillée
qui suit le 2e volume de ses Mémoires, travailler au
présent pour le rendre achevé au jour de la Pente-
coste, qui étoit le tems qu'il avoit choisi pour cela ;
ce qu'il auroit asseurément exécuté, si la maladie de
la Reine mère, celle du Roi et la grossesse de Mme
la Comtesse de Soissons ne lui eût fait différer jusques à ce qu'aiant été obligé d'accompagner au voiage
qu'il fit à Marsal au mois précédent, et se voiant en
chemin et proche de son gouvernement, il prit la ré-
solution d'en visiter les villes. Il commencea par la
ville de Chalons et y arriva le vendredi septiesme septembre sans suitte et sans appareil, parce qu'il n'avoit
pour faire son voiage en Lorraine qu'une partie
de son train, l'autre l'étant venu joindre à Châlons.

» Sur l'avis qui fut donné à MM. du Conseil de
son entrée, on députa deux d'entre eux (MM. Dallier
et Rogier) pour aller le complimenter à Châlons et
recevoir ses ordres, pendant que d'autres du Conseil
travailloient aux ornements et peintures des portes.
Il ne prescrivit autre ordre à ces M^{rs} que la mous-
queterie, les canons et les boettes, avec ses armes à
poser au dessus de la porte de la ville par laquelle il

devoit faire son entrée, au dessus de la porte de la
maison de ville, et au dessus de celle dans laquelle
il logeroit ; et que Mrs du Conseil vinssent au devant
de lui et lui présentassent les clefs de la ville au lieu
ordinaire, ne désirant aucuns ornements aux portes
ni pallium [ou dais] en son entrée ; qu'il iroit coucher
à Silleri le mardi, et que le lendemain il en partiroit
pour faire son entrée en la ville environ les deux
heures après midi. Cette modestie qui lui est natu-
relle et qui esclatte autant sur son visage qu'en touttes
ses actions, ne fit pas oublier à Mrs du Conseil de
lui rendre tous les devoirs que sa modestie refusoit
et qui étoient deus à sa naissance et à sa qualité de
gouverneur. »

A la suite de ces communications, le Conseil com-
pléta, dans la séance du 9 septembre, les mesures
commandées par la circonstance, au moyen des ré-
solutions suivantes :

« Sur quoy a esté conclud qu'il sera mandé jusqu'à 60 hommes pris de chacune compagnie de bourgeois, qui seront obligez d'y faire paroistre les jeunes
hommes non mariez et apprentis, tous en arme avec
mousquets et la mesche allumée, pour marcher avec
la compagnie des arquebuziers. Et à cette fin seront
envoyez des mandemens aux capitaines, avec injonction à ceulx qui seront mandez de s'y trouver, en
peine contre chacun de 24 liv. parisis d'amande, bien
et deuement esquippez, et feront lesdits capitaines
choix des mieulx faictz.

» Sera la première compagnie mandée le jour de
ladite entrée pour garder la porte par laquelle ledict
seigneur entrera, dès le matin, tambour battant,
avec pareille injonction de s'y trouver bien armés,

partie de picques et [partie] de mousquetz, soubz pareille peine, laquelle compagnie restera en ladite porte jusqu'après l'action finie, et ne s'en despartir que par ordre précis de la Ville, et y demeurer pour faire la garde de la porte par laquelle ledit seigneur sortira, sera la seconde compagnie mandée soubz pareille peine.

» Que les connestables advertiront ceulx de leur connestablie qui peuvent monter à cheval, de se tenir prest pour accompagner M. le Lieutenant et Mrs du Conseil pour aller au devant dudit seigneur.

» Seront pareillement les officiers de la Ville et les archers du guet mandez de se tenir prest pour monter à cheval, en peine de pareille amande.

» Qu'il sera tiré du canon et des boettes à son arrivée, mesme à son lever et lorsque le présent lui sera présenté, et au soir à son soupper (1).

» Qu'il sera fait offre audit seigneur de loger au logis de M. Louis Roland (2), et à cette fin seront députtez quatre du Conseil pour aller au devant dudit seigneur le jour de son arrivée jusqu'à trois ou quatre lieues luy faire offre de ladite maison, et pour ce ont esté députtez Mrs Dallier, Bourgeois et Dorigni.

» Qu'il sera présenté audit seigneur Comte, s'il le demande, le réglement fait pour l'eslection des magistrats, le dernier inventaire fait par les commis-

(1) Ici la délibération prévoyait le cas où S. A. voudrait se divertir au jardin de l'Arquebuse, mais elle n'indiquait pas ce qu'il y aurait à faire en cette conjoncture.

(2) Maison, rue de Monsieur, occupée en son vivant par M. Ruinart de Brimont, et aujourd'hui par M. V. Rogelet. Elle s'appelait autrefois le Metz-Roland.

saires de l'artillerie passans en cette ville, des canons, poudre et munitions de guerre.

» Sera déclaré qu'il y peut avoir cinq à six mil hommes capables de porter armes, tant chefs que filz de famille, vallets, domestiques et apprentifs de mestier.

» Qu'il sera aussi déclaré audit seigneur que le principal commerce qui se fait en cette ville est d'estamine et de serge raze et que la pluspart des habitants de la ville, ensemble de la campaigne des environs, subsiste de la récolte et vente de vins, mais que l'un et l'autre est fort diminué et rapporte peu de proffit, à cause de la surcharge des impôts, de la rigeure des fermiers qui les lèvent et de la rareté de l'argent et qu'il y auroit plus tost lieu à demander des moyens pour restablir ses commerces et manufactures qu'à penser à l'establissement de nouveaux.

» Que M. le Lieutenant à la teste du corps de la Compagnie présentera les clefs audit seigneur à la première porte. »

» Pour porter le pallion qui sera présenté audit seigneur ont esté nomez Messieurs Amé, ancien Lieutenant, et Bachelier, ancien conseiller de la Compagnie, et messieurs de Terron et Audry, anciens Lieutenans, et qui ne sont à présent de la Compagnie, lesquelz ayant remercié pour leur indisposition, ont esté nomez en leur place messieurs Henri Josseteau et Raoul Thierry, conseillers estant sortis de charge.

» Que le présent qui a esté achepté en la ville de Paris suivant les conclusions ci-devant faites, et qui consiste en un plat, bassin et deux aiguières (1)

(1) Bourgeois ajoute : couvertes.

d'argent vermeil doré et ciselez, sera présenté à mondit seigneur le lendemain de son arrivée à son lever par M. le Lieutenant et Messieurs de la Ville ; lesditz plat, bassin et aiguières poisent quarente-deux marcs et peu plus à raison de 60 liv. le marc, y compris les estuis de maroquin rouge semez de fleurs de lis d'or et doublez de ratine.

» M. le Comte a cy-devant fait entendre qu'il ne désiroit pas que la Ville fist aucun festin pour luy, et à ce sujet a esté trouvé à propos de faire le présent d'un si hault prix.

» Qu'il sera tiré jusqu'à un poinson de vin par bouteilles pour présenter tant audit seigneur Comte que à d'autres seigneurs et personnes de remarque de sa suite. »

Tel était le programme de la fête ; le détail des dépenses qu'elle occasionna et le récit que nous ont laissé, chacun de leur côté, Oudart Coquault et René Bourgeois, prouve qu'il fut suivi scrupuleusement.

» On travailla, dit ce dernier, sans perdre de temps, aux ornements des trois portes, du côté de la rivière de Vesle, par où les gouverneurs font leur entrée ; et pour avoir ce soin, on nomma M. Bachelier de la Fontaine, M. Noblet, conseiller, et moi ; et touttes les trois portes furent ornées et les embellissements tirés de l'histoire de la maison du Comte, avec des tableaux et ses armes, d'une manière si ingénieuse que chacun en admira l'invention. S. A. envoia mardi les mêmes ordres par escrit au Conseil, qu'il avoit fait scavoir à Messieurs nos députés, accompagnés d'une lettre fort civile qu'il escrivait au Conseil et qui fit que l'on députa pour aller le lendemain à Silleri le complimenter et l'ac-

compagner jusqu'à ce que l'on eut joint l'escorte de
la Ville. Les députés furent MM. Dallier, Rogier,
Dorigny et moi ; M. le Lieutenant sortit de la ville
avec Messieurs du Conseil, tous à cheval, escortés
de plus de quatre cens habitans des plus considé-
rables ; et l'aiant rencontré dans son carosse au-
dessus du village de Taissi, mit pied à terre et avec
lui tout le Conseil, et lui fit les compliments de la
part de la Ville avec sa grace et son éloquence ordinaire. Puis étant remonté à cheval, il reprit la teste
de la Compagnie avec M. le capitaine de la Ville et
marcha en cet ordre jusques approchant des faux
bourgs de la porte de Vesle ; on treuva la compagnie
des harquebusiers qui étoient en haie depuis la porte
de derrière de la Bouvrie jusques à la Barbe aux
Cannes ; où étant arrivé, M. le Lieutenant lui représenta les clefs de la ville et lui fit harangue. Pendant ce tems la Compagnie ne laissa pas de filer pour
bailler loisir à S. A. d'avancer, comme toutte la
Compagnie avoit fait halte lorsque M. le Lieutenant
descendit pour faire les premiers compliments. Cette
cérémonie de la présentation des clefs achevée,
M. le Comte quittant son carosse, monta à cheval
et eut le tems de voir les ornements des portes. En-
trant dans la ville, il treuva un pallium qui lui fut
présenté, et qui était porté par M. Amé, ancien
lieutenant, M. Henri Bachelier, sieur de La Fontaine, conseiller de la ville, M. Henri Josseteau et
M. Thierry, anciens conseillers de la ville. S. A. le
refusa et ne le voulut point accepter et continua son
chemin jusqu'à la grande église, au bas des degrés de
laquelle on [le] lui présenta encor, et sans avoir
voulu passer dessoubs il entra en l'Eglise, en laquelle

il fut reçu par les chanoines revestus de leurs chappes avec la croix et l'eau bénite, et complimenté par M. l'escolatre ; après lesquels compliments, s'étant placé dans le cœur sur le reposoir qui lui étoit préparé, on chanta le *Te Deum*. Pendant ce cantique les harquebusiers qui avoient suivi la Compagnie et qui étoient demeurés avec la cavalerie dans le parvis, firent deux décharges. Le nombre de l'infanterie étoit de mil hommes, par le choix que l'on avoit fait de soixante hommes de chacune compagnie de la Ville, non compris les chevaliers qui avoient ordre de suivre l'enseigne et marcher soubs les ordres des capitaines de l'arquebuse. Le *Te Deum* chanté, M. le Comte de Soissons fut conduit au logis de M. Louis Rolland, dans le mesme ordre, où il fut harangué premièrement par Messieurs du Chapitre, puis par l'Université, ensuitte par Messieurs du Présidial, et après, par Messieurs de l'Eslection, lè tout après que Messieurs de la Ville lui eurent présenté le vin dans des brots. »

Ici se place le récit d'un débat dont on ne serait pas sorti facilement et surtout sans scandale, sans la présence d'esprit du Comte et sans son désir d'être agréable à tous et de ne blesser aucune prétention soutenable.

« Il y eut difficulté entre Messieurs du Présidial et l'Université, qui premier fairoit la harangue, dont S. A. voulut être informée pour ne point blesser ni le droit ni la possession de l'un ou de l'autre de ces deux corps par une préférence qu'il auroit donnée. Il fit dire au sieur de Gomont de scavoir l'usage de Messieurs du Conseil ; et non content, il voulut lui-mesme les ouïr là-dessus et les pria de monter en la salle où il s'était mis pour les ouïr et éviter les confusions que la difficulté avoit fait naître. Et après les avoir entendus sur l'usage tant de ce qui s'estoit passé au sacre dernier que sur la cérémonie de l'entrée de M. le duc de Retelois, gouverneur, l'Université fit la harangue auparavant Messieurs du Présidial ; et on ne doit pas prendre pour harangue ce que dirent Messieurs les seneschaux, parce qu'ils n'étoient venus que pour présenter le vin à S. A., laquelle avoit été complimentée au nom du Chapitre à l'entrée de l'église par le sieur Ecolâtre.

» Le soir fut emploié à complimenter ceux qui étoient de la suite de M. le Comte, à leur bailler logis et présenter du vin.

» Le lendemain à son lever on lui fit le présent... et M. le Lieutenant lui présentant fit une troisiesme harangue sur la dignité du métail et la fidélité des habitans. On avoit baillé ordre aux maîtres de l'arsenac de tenir les canons et les boettes prestes en ce temps et les faire jouer. Mais s'en étant oublié, on les tira seulement à son disner, comme on avoit fait la veille à son souper et à son entrée dans la ville.

» Le dimanche il visita les fortifications et fit le tour des remparts à cheval. On avoit disposé les canons et les boettes en deux batteries qui jouèrent autant bien qu'on le pouvoit souhaitter, après qu'il fut passé.

» Le samedi auparavant il avait envoié un mémoire à l'Hostel de Ville pour dresser son procès-verbal, qui contenoit beaucoup de chefs, tant pour l'éclaircissement des detes de la Ville, des deniers d'octrois, que pour les manufactures : auquel on respondit.

» Le mardi il partit sur les huit heures du matin pour Retel ; la porte par laquelle il devoit passer étoit gardée de deux compagnies et commandées par les capitaines en personne ; les canons jouèrent aussi bien que les boettes à sa sortie.

» M. le Lieutenant alla prendre congé de lui avec la Compagnie ; et lui aiant fait de nouvelles protestations de la fidélité des habitans envers le roi et envers lui, il monta à cheval et toutte la Compagnie pour accompagner et suivre M. le Comte de Soissons, qui étant venu à deux mil pas de la ville, fit arrester son carosse et le congédia avec grande civilité et grande démonstration de joie de l'honneur que l'on lui avoit rendu.

» Cette escorte étoit accompagnée de plusieurs notables habitans qui montèrent à cheval ; et M. le Lieutenant étoit précédé de ses archers avec les trompettes. M. le Lieutenant et M. le capitaine de la ville conduisoient cette escorte, qui, après le congé pris de S. A., retournèrent avec la Compagnie en l'Hostel de Ville, d'où chacun se séparant reprit son logis. »

Après le récit enthousiaste du conseiller de Ville satisfait d'une cérémonie à laquelle il a pris une part active, nous devons entendre les réflexions d'un simple bourgeois.

Oudart Coquault s'extasie d'abord sur le nombre et la splendeur des emblèmes et tableaux qui ornaient les portes « comme pour le roy au sacre ; » mais il est touché principalement de la modestie du Comte qui, pressé de nouveau de se placer sous le dais lorsqu'il avait pied à terre, dans les lices de Notre-Dame, « dit avec beaucoup de respect, même de rougeur, que cet honneur ne lui appartenoit, mais à Dieu. »

« Plusieurs, dit-il ensuite, se sont formalisés de tant d'honeur à ung gouverneur.

» Pourtant il est de nostre tradition que les gouverneurs du temps du roy François, il y a près de 150 ans, ont esté receu en grand honeur et avoient grand crédit et pouvoir en la province.

» Mais de nos jours Monsieur Charles de Cleves de Gonzague fist recepvoir Monsieur son fils âgé de 14 ou 15 ans en son lieu, et fist le jeune seigneur son entrée en ceste ville en 1618 au mois de septembre. Les mêmes honeurs luy furent faicts que à celui-cy, je peux dire encore plus grands, je les ay veu. Le day luy fut présenté à la Barbe aux Cannes et alla dessoubz jusques à Nostre-Dame à cheval. »

Ainsi le sentiment général de la population était bien que l'on avait peut-être un peu dépassé la mesure ordinaire, mais on n'était pas choqué de cet excès d'honneur en faveur d'un dignitaire aussi modeste que bienveillant. Il eût été justifié au besoin par l'espoir où l'on était que les soins du Conseil ne seraient pas inutiles. Le mémoire remis de la part du prince témoignait en effet que S. A. s'était pénétré des plus vifs désirs de la Ville, qu'on pourrait se servir du Comte pour obtenir en cour quelque faveur au profit de la fabrique et du commerce de vin, et surtout un adoucissement aux nouveaux impôts dont l'un et l'autre étaient menacés.

Si l'on était content d'avoir bien fait les choses, le prince ne fut pas moins satisfait.

« Pour tesmoigner à Messieurs de la Ville, dit Bourgeois, combien S. A. avoit agréable ce qu'ils

avoient eu soin de faire pour honorer sa personne
et marquer son entrée, il les régala chacun de son
portrait en taille douce et le fit présenter par M. de
Gomont à la chambre du Conseil dans laquelle il en
a laissé un en satin. »

Si mince que fût le cadeau, on lui fit honneur et
l'on fut heureux de conserver dans la chambre du
Conseil ce souvenir du prince (1). Il est à remarquer
que jusqu'alors on s'était contenté de placer les armes
du gouverneur au-dessus de la cheminée ; on s'était
borné là, du moins, pour M. de Nevers, et nous n'a-
vons pas vu qu'on ait fait davantage pour le duc
d'Enghien et pour le maréchal de l'Hospital.

Au milieu de la commune satisfaction, le Lieutenant n'avait étonné personne quand il exposait le
15 septembre au Conseil « que plusieurs domestiques
de la suite de Son Altesse le sont venus trouver en
son logis et lui ont demandé des présents d'argent
en faveur de la première et solennelle entrée de
sadite Altesse. »

Suit euukyrielle de postillons, de cochers, de valets, de laquais, de muletiers, de conducteurs de
fourgons, de suisses, sans oublier le maréchal-des-
logis qui avait marqué les maisons des bourgeois dé-
clarées propres à recevoir tout ce monde, ni les gens
de l'intendant, ni ceux du capitaine des gardes, et
moins encore les valets de pied au nombre de douze qui

(1) A Jean Bailli, menuisier, 10 liv. pour un quadre par
lui fait pour poser le portrait dudit seigneur Comte de Soissons en satin blanc et le mettre dans la chambre du Con·
seil et servir à l'ornement d'icelle, par ordonnance du
31 octobre 1663. *Deniers patrimoniaux*, 1663, fol. 226.

s'étaient emparés du dais et qui ne le lâchèrent que moyennant une libéralité de 18 louis d'or (1).

Ces dépenses et celles de la nourriture des gardes et de leurs chevaux n'étaient qu'accessoires ; le compte du receveur Philippe Bachelier (Deniers communs et d'octroi, 1663, t. 24), nous en fera connaître de plus importants.

FRAIS DE L'ENTRÉE DU COMTE DE SOISSONS.

A un valet de pied du seigneur Comte de Soissons

(1) « Conclud a esté qu'il sera fourni par le receveur les sommes qui ensuivent et aux personnes ci-après nommez, savoir :

A 12 valets de pied, tant pour retirer le daiz de leurs mains, que pour leur présent.............. 18 louis d'or.

A 2 trompettes, un du corps et un des gardes...................................... 2   »

A 2 cochers et au cocher du chariot....... 3   »

A 2 postillons et 3 maîtres palfreniers.... 5/2 »

A 10 valets qui mènent les chevaulx de main................................... 10 écus d'arg.

Au maréchal des logis................... 2 louis d'or.

Plus 4 livres 10 s. pour la dépense dudit maréchal des logis en marquant les maisons des bourgeois de cette ville ; plus la dépense dudit maréchal des logis et de son cheval en l'hostellerie où il est logé.

Aux 2 suisses........................... 2   »

Aux 2 laquais de l'intendant de Son Altesse................................. 2   »

Aux 2 valets du capitaine des gardes..... 1   »

Aux 2 muletiers........................ 8 livres.

Aux 2 fourgons......................... 1 louis d'or.

« Comme aussi les chevaulx des gardes seront nourris par leur hoste moyennant 10 s. par jour pour chaque cheval, et le surplus sera paié par ledit Bachelier auxdits hostes pour les indemniser.... »

pour avoir rapporté les lettres portant la nouvelle
de l'entrée du seigneur Comte de
Soissons. . . . . 22 liv.
 A Jeanne Gayart, tellière,
pour 28 aulnes de toile suivant
la conclusion cy-rendue. . . 21 »
 A Gérard Le Membre, me-
nuisier. . . . . 142 »
 A Nicolas Petit, peintre (1). 539 »
 Au sieur Serval, maître de
l'Arsenal. . . . . . . 250 »
 A J. Lartilleux, cordier. . 12 »
 A Nic. Musauhier, serru-
rier. . . . . 28 » 8 s.
 A Julien Paroissien, char-
pentier. . . . . 36 »
 A Simon Charlot, couvreur. 32 » 18 »
 Au receveur, pour dix per-
sonnes employées pour l'en-
trée. . . . . 37 » 2 » 2 d.
 A Guill. Johin et Nicaise
Godet, trompettes. . . . 20 »

(1) Nous voyons par le registre des deniers patrimoniaux
de l'année (fol. 224 v. et 226), que l'on compta à Nicolas
Petit, peintre, 51 liv. 9 s. pour plusieurs écriteaux faits à
l'occasion de l'entrée dudit comte de Soissons, et à Jean
Hellart une somme restée en blanc pour ouvrages destinés à
servir d'ornement à la même entrée. Les deux articles ayant
été barrés, nous sommes portés à croire qu'ils avaient été
inscrits au même registre par erreur et qu'ils ont été compris dans le compte ci-dessus, apparemment réunis à des
frais du même genre, dans le total de 539 liv. alloué au
peintre Nicolas Petit.

Aux tambours et fifres au nombre de 18. . . . . . 30 »

Aux sergens de la forteresse pour 8 journées de chevaux. 12 »

Aux sieurs Dallier, Rogier, Bourgeois et Dorigny, eschevins, pour voyage à Chaalons et Sillery pour aller recevoir les ordres du seigneur Comte de Soissons sur son entrée. . 32 » 8 »

Au sieur Dorigny, eschevin, pour les ouvriers qui ont construit le dais. . . . . . . 334 liv. 19 s. 6 d.

René Bourgeois ajoute que « pendant tout le temps que M. le Comte a été à Reims, la Ville a pris soin de lui faire fournir du vin pour sa table. »

On a pu remarquer que le dais porté ci-dessus pour une certaine somme, fut en réalité payé deux fois par la Ville, puisqu'il fallut le racheter aux gens du prince qui s'en étaient emparés. C'était, paraît-il, un usage invariable. Ainsi en était-il, au sacre, du dais de la Sainte-Ampoule, qui appartenait aux gens du Chesne, chargés de l'escorter. Le dais de la Ville était ordinairement de velours vert ; il figurait chaque année au reposoir préparé devant l'Hôtel-de-Ville pour la procession du Chapitre.

« Afin de soulager, dit Bourgeois, les quatre députés pour porter le pallium à cause de sa pesanteur, de la longueur du chemin et de l'aage de ces messieurs qui avoient été priés, on choisit huit connétables des mieux faits et des mieux vestus, pour le porter après que ces Messieurs l'auroient présenté à S A. et porté quelque temps ; et on avoit attaché au sommet des bastons un cordon de soie qui pendoit et que ces messieurs devoient tenir pendant que les connétables les soulageroient en portant le pallium. »

Il y avait eu, paraît-il, à l'arrivée du Comte, quelque désordre parmi les arquebusiers. Ceux du premier rang, que le sieur Flamain, leur capitaine, n'avait pu contenir, avaient gêné la marche des carosses de Son Altesse, et quelques-uns en augmentèrent le tumulte en tirant de leur mousquet devant eux sans souci de l'épouvante qu'ils jetaient parmi les chevaux, ni des représentations de leurs chefs et du sieur de Gomont, intendant du Comte. Par bonheur on n'eut à déplorer aucun accident (Conclus. 1863, fol. 388).

Un sieur Jean Clément qui faisait partie de la milice, s'était, de son côté, montré rebelle aux ordres de son chef, nommé Chevenot; et menacé par lui d'un coup de canne, il l'avait frappé de son mousquet au visage. Clément porta plainte au Conseil de Ville; mais les explications qui furent données n'étant pas à sa décharge, il fut condamné à la prison, ou, comme on disait alors, à passer le guichet (Conclus. 1863, fol. 389).

Après l'entrée solennelle que nous venons de rapporter, il n'est plus question du Comte de Soissons dans les délibérations du Conseil de Ville, jusqu'à un nouveau voyage entrepris dans un but différent, en 1665.

Il n'entre pas dans mon sujet de suivre la Comtesse à la cour et de raconter les intrigues qui la perdirent; néanmoins, comme celui de nos annalistes à qui j'emprunterai le récit du voyage du Comte et de sa femme, prend le soin d'en rechercher les motifs et d'exprimer à ce propos le sentiment de ceux qui étaient au courant des choses, je dirai quelques mots des événements qui les contraignirent à s'éloigner de la cour pendant quelque temps.

Olympe Mancini n'avait rien épargné pour conserver sur le roi l'influence que semblait lui assurer leur ancienne liaison, et les visites quotidiennes de Louis XIV à l'hôtel de Soissons, encouragées par la naïve confiance d'un mari débonnaire, semblaient assurer la perpétuité de ses chaînes. Ainsi que nous l'avons dit, une première rupture avait eu lieu à la suite de la préférence passagère du roi pour Marie, sœur d'Olympe ; mais après son mariage, Louis XIV, détaché de Marie, se réconcilia avec sa sœur. Il continua de chercher chez elle ses délassements et ses plaisirs ; et même au commencement de son amour pour Mlle de Lavallière, elle lui semblait encore nécessaire. Mais bientôt le nouvel attachement du roi l'absorba tout entier, et Lavallière vit se liguer contre elle l'hôtel de Soissons délaissé, et Madame, que Louis XIV avait flattée d'un semblant de passion, et ceux qui avaient compté sur le crédit d'une maîtresse pour établir ou conserver le leur sur l'esprit du roi. Une lettre fabriquée par de Vardes et destinée à la reine devait perdre Lavallière en lui dévoilant les amours du roi ; elle tomba dans les mains de ce dernier, et l'intrigue finit par lui être révélée tout entière par les aveux de Madame et les plaintes inconsidérées d'Olympe. Tandis que de Vardes était enfermé dans la citadelle de Montpellier, la Comtesse de Soissons et le pauvre Comte, qui n'avait trempé en rien dans cette affaire, furent relégués dans leur gouvernement de Champagne.

Telle était la cause de leur voyage. Nous laissons maintenant la parole à René Bourgeois.

« Le 15 avril, M. le Lieutenant fit assembler la Compagnie... et lui représenta qu'il avait avis que M. le Comte de Soissons étoit arrivé à Chalons, que les habitans à son arrivée avoient tiré le canon, et que tous les corps de la ville lui avoient rendu les compliments et l'avoient visité ; qu'il n'étoit pas relégué ainsi qu'on l'avoit voulu dire, mais qu'il avoit demandé au roi la grâce de visiter les places de son gouvernement pendant quelque temps, ce que sa Majesté lui avoit accordé et à Madame la Comtesse, pour couvrir la honte d'un exil. Il ajouta qu'il croioit que la Compagnie ne pouvoit s'exempter de lui rendre ses civilités, étant dans la province, joint l'exemple de Messieurs de la ville de Chalons. L'affaire mise en délibération, il fut conclu que M. le comte de Soissons seroit visité et complimenté de la part de la Ville. Et pour le faire M. le Lieutenant fut prié de faire le voiage à Chalons, et avec lui Messieurs Amé, Bachelier et Rolland, qui avoit eu l'honneur de le loger lorsqu'il fit son entrée à Reims en qualité de gouverneur : ce qui fut exécuté le lendemain. On a parlé diversement de l'esloignement de M. le Comte de Soissons ; et il estoit tout commun qu'il n'avoit quitté la cour que pour l'affection qu'il avoit pour Madame la Comtesse sa femme qu'il ne peut se résoudre à quitter ; en quoi il pouvoit, ce me semble, mieux faire demeurant en cour affin d'avoir l'occasion plus prompte à la servir. Mais on dit qu'il avoit suivi en cela l'avis de Monsieur Colbert. L'intrigue que Madame la Comtesse ménageoit avec Madame et

M. le marquis de Verdes *pour troubler les diver-*
tissements du Roi est le véritable sujet de sa dis-
grâce ; et il fut découvert par Madame qui en fit tout
le détail au Roi. »

Ici Bourgeois se plaint du zèle inconsidéré qui
porta à députer, contre toutes les règles, les deux
Lieutenants, l'ancien et celui qui était en exercice,
pour complimenter le gouverneur. Nous poursuivrons
e récit sans nous arrêter à ce point du cérémo-
]nial.

Le 12 du même mois, les députés envoyés à Châlons rendirent compte du bon accueil que le gouverneur leur avait fait.

« Le 27 mai, M. le Lieutenant assembla la Compagnie à laquelle il fit voir des lettres que M. le
Comte de Soissons escrivoit à Messieurs du Conseil,
fort obligeantes et fort affectueuses, par lesquelles il
informait la Compagnie qu'il passeroit bientôt par
Reims pour aller en sa maison de la Cassine (1), avec
Madame la Comtesse.

» Après la lecture des lettres, il représenta qu'il
étoit de la nécessité de le recevoir, et pour ne point
faillir en ce rencontre, il avoit pris l'avis de quel-

(1) La Cassine est aujourd'hui un petit village de 180 habitants, sur le canal des Ardennes, au nord-est du bois des
Molières, canton d'Omont, Ardennes. Son château appartint
de 1620 à 1657 (*Mémoires de Mademoiselle*, édition Petitot, t. 3,
p. 217), à François de Gonzague, duc de Nevers. C'était, dit
M. J. Hubert (*Géographie des Ardennes*), une maison bâtie à
l'italienne, vitrée de toutes parts, au milieu de plusieurs jar-
dins qui répondaient à la magnificence des bâtiments. Elle
fut détruite par un incendie en 1697. Le château qu'on voit
aujourd'hui a été construit sur l'emplacement d'un couvent de
cordeliers.

ques antiens du Conseil avec lesquels il avoit jugé à propos d'envoier à Chalons, scavoir ce qu'il désirait de la Ville ; que M. Lefèvre en avoit fait le voiage ; et s'étant entretenu avec son capitaine des gardes, il avoit appris que Monsieur le Comte seroit à Reims le 28ᵐᵉ lendemain ; que Son Altesse ne demandoit autre honneur que la Compagnie sortît (de) la ville et le receut aux portes et qu'on tirât les canons à son entrée ; que ce que Son Altesse demandoit étoit peu de chose et que c'estoit à la Compagnie de l'augmenter si elle le jugeoit à propos.

» L'affaire mise en délibération il fut conclud qu'on iroit au-devant de Monsieur le Comte de Soissons pour le complimenter et le recevoir à une demie-lieue (1) de Reims ; à cette fin que M. le Lieutenant, et avec lui toute la Compagnie, monteroit à cheval ; que la trompette seroit sonnée par tous les carrefours de la ville pour inviter les habitans à se joindre et accompagner Messieurs du Conseil ; qu'une compagnie seroit mandée pour demeurer à faire garde à la porte par laquelle il devoit entrer ; que l'on tireroit boettes et canons à son entrée, à son souper, et le lendemain à son lever ; que M. le Lieutenant lui présentera les clefs de la ville, et que deux de Messieurs iront (2) lui offrir une maison de la part du Conseil ; et que ses gens seront logés par l'ordre de la Ville ; et pour lui offrir la maison, Messieurs Dorigni et Callou furent només.

» Le lendemain 28ᵐᵉ mai, M. le Comte arriva à

_____

(1) La conclusion du même jour dit : « à une lieue. »

(2) Jusqu'à Avenay, où il doit aller à la disnée, suivant la conclusion du même jour.

Reims avec Madame. M. le Lieutenant et toutte la Compagnie le salua auprès de Nuisement (1) à une lieue, où il fut complimenté. L'escorte qui accompagnoit M. le Lieutenant étoit fort nombreuse et fort leste ; et touttes les rues par lesquelles il passa étoient remplies d'habitans pour le voir. C'est un prince autant civil et commode que Madame est dédaigneuse ; car lorsque M. le Lieutenant aborda son carosse pour lui faire les compliments de la part de la Ville, à son ordinaire, c'est-à-dire avec tout l'ornement et toutte la grâce possible. Son Altesse descendit du carosse avec promptitude et ouït fort attentivement M. le Lieutenant, sans que Madame la Comtesse, qui étoit dans le carosse à ses côtés se fut démasquée, quoiqu'il fit entrer dans son compliment sa présence. On présenta à Son Altesse du vin dans les brots aussitôt qu'il fut descendu au logis de M. Rolland, son ancien hoste ; et à Madame du fruit qu'elle reçut fort indifféremment à son ordinaire.

» Le lendemain, M. le Lieutenant alla visiter Son Altesse avec quatre de Messieurs du Conseil, dont j'estois du nombre. On s'entretint pendant une demie-heure de plusieurs choses singulières du païs. On présenta du vin à son capitaine des gardes et à son secrétaire ; et tout le temps qu'il fut à Reims, la Ville lui fit fournir le meilleur vin qu'elle put trouver pour sa table, dont il fut averti et eut cette civilité fort agréable.

» Le 1ᵉʳ juin 1665, M. le Lieutenant assembla la Compagnie, à laquelle il dit que M. le Comte de

(1) Sur le chemin de Cormontreuil à Taissy, qui alors faisait partie de la route de Reims à Châlons. Le Nuisement est aujourd'hui simplement une ferme.

Soissons se disposoit de partir ce jour-là pour aller à Retel, et de là à la Cassine. Sur quoi il fut conclud que la Compagnie iroit prendre congé de lui et l'assurer de ses civilités et de ses respects ; et qu'il seroit accompagné jusques à demie-lieue de la ville, ou jusque à ce que M. le Comte de Soissons congédiât la Compagnie ; et qu'il seroit fait garde à la porte par laquelle il devoit sortir. On le conduisit à deux cents pas de la ville ; et lorsque M. le Lieutenant alla à son carosse pour lui rendre les dernières civilités, il en descendit et s'avança à lui pour le recevoir avec un air fort doux et fort obligeant. M. le Lieutenant l'aiant reconduit jusques à la portière, il lui fit les compliments, dont il le remercia. Madame fit à la Compagnie des compliments d'un air plus agréable qu'à l'ordinaire. »

Au mois d'août suivant, Son Altesse jugeant opportun de se rapprocher de la cour, sans sortir de son gouvernement, dut traverser de nouveau notre ville. René Bourgeois rend compte en ces termes de cette troisième visite :

« Le 19ᵐᵉ aoust 1665, il y eut séance en laquelle M. le Lieutenant représenta à la Compagnie qu'il avoit avis que M. le Comte de Soissons devoit passer par Reims vendredi au soir et en partir le lendemain pour aller en son chasteau de Condé en Brie ; qu'estant gouverneur de la province il estimait que la Compagnie ne lui refusera pas les honneurs qui lui sont deus... Et le tout mis en délibération, il fut arresté que M. le Lieutenant et la Compagnie iroit recevoir M. le Comte de Soissons à la porte ; que le compliment lui seroit fait à la barrière, qu'il lui seroit présenté du vin et à Madame du fruit ; qu'il seroit mis à la porte une compagnie qui seroit commandée par le capitaine qui est en tour de faire la garde, et que pour accompagner M. le Lieutenant et Messieurs du Conseil on manderait une partie des archers du guet.

» La Compagnie jugea qu'il suffisait de rendre ces honneurs à M. le Comte de Soissons, parce qu'il n'y avoit pas longtemps qu'il avoit passé par Reims et qu'il ne les falloit pas si souvent répéter. M. le Comte descendit du carosse pour recevoir les compliments. »

La dernière mention que nos registres font du Comte de Soissons, est de la fin de cette année 1665.

Le 4 décembre le Conseil ayant député l'un de ses membres près du ministre Colbert pour traiter avec lui d'un détail d'administration, M. Callou, qui s'était chargé de cette mission, fut prié de passer par Condé, jusqu'où M. de la Motte, autre conseiller, lui fit compagnie, pour présenter du vin à Son Altesse de la part de la Ville. La délibération de ce jour fixe à trois pièces la quantité conduite à Condé et offerte au Comte.

Bientôt la Comtesse, rentrée en grâce, put retourner à la cour. Son mari fit la campagne de 1667 en Flandre, puis il suivit Louis XIV en Franche-Comté ; créé lieutenant-général, il servit en Hollande sous les ordres du roi ; il rejoignait l'armée de Turenne, quand il mourut en Westphalie le 7 juin 1673. Accusée sans trop de raison de cette mort, parce qu'on la savait mêlée à toutes les intrigues, qu'elle s'occupait d'astrologie et allait chez la Voisin, Olympe Mancini fut plus sérieusement compro-

mise par les déclarations que fit cette femme devant
la chambre ardente de l'Arsenal (1680) après son
arrestation. Sa fuite en Flandre, loin de faire tomber
des bruits fâcheux, la signala à l'animadversion géné-
rale. Elle fut bannie, et dut se défaire de sa charge
de surintendante de la maison de la reine qu'acheta
Madame de Montespan. De Bruxelles elle passa à Ma-
drid, où la mort de la jeune reine lui fut encore im-
putée par quelques-uns. Elle mourut enfin le 9 octobre 1708, à Bruxelles, pendant que le prince Eugène,
l'un de ses fils, vengeait cruellement sur la France
l'affront que Louvois lui avait fait en lui refusant
un emploi.

Imp. coop. de Reims (E. Gény, dir.).